JN440027

삼식이

텃밭시학시선 08

삼식이

이영배 시집

그루

시인의 말

직지사 가을 단풍길에서 문득
시가 물드는 것을 보았습니다.
바람의 은유를 들추다, 시마詩魔에 걸렸습니다.
젊은 날 황악산을 바라볼 때마다
어떤 간절한 그리움 같은 것이 몰려왔습니다.
그것은 아마, 뒷산 어머니 무덤 곁에서 들은
뻐꾸기 울음소리였는지도 모릅니다.
돌아보니, 나의 뒤안길에 폭설이 내립니다.
그 아득한 눈길 속에서도 길을 잃지 않은 것은
식구들을 잘 지켜 준 아내 덕분입니다.
그렇습니다. 내 시의 나무에는
언제나 '가족'이란 고운 꽃이 피어 있습니다.

2021년 가을
세심당洗心堂에서 **이영배**

차례

3 아내

4 홀씨

5 직지사

해설

1부

비정규직

비정규직

밤을 낮 삼아 다니던 개인택시 집 앞
골목길 베고 누운 타이어 한 짝

비바람 불고 눈비 몰려와도
뱃가죽 대고 그냥 누워 있다

저 낡은 몸 누가 아는 체나 해 줄까
온 가족 먹여 살리기 위해

몸뚱이 하나 부딪히며 밟고 다니며
캄캄한 어둠 속 굴리고 또 굴렸지

지금은 주차구역 멍에를 둘러매고
땅바닥 나뒹굴다 속 다 비운 아득한 가슴

어쩌다 돌고 돌아 힘들던 그 시절 다 지나서
덩그러니 혼자 버려진 저 폐타이어

삼식이

온종일 꽃 피었다 꽃 졌다 하는 아내
왈칵 밥상을 밀어놓는다

이른 새벽 삼필봉 올라갔다 오면
내 몸은 날아갈 것 같은데
아내는 꽃 졌다 꽃 피었다 한다

열무김치 위에 보리밥
보글보글 된장찌개 고추장 비벼대면

진공청소기처럼 확 빨아들이는 어깃장
설거지통 수저통 정리하며
구시렁거리는 아내 소리

봉급 타던 그때가 좋았는데
밥상머리 앉을 때마다 쳐다보이는
벽에 붙은 결혼식 사진

참 한때 수선화처럼 고왔지
처녀 적 아내 얼굴

겹겹

명신사우나
새벽부터 북적거린다
온탕에서 불려서
살갗이 벌겋도록 때를 밀어야 할 이유가 있다

눈꺼풀 고랑처럼 파인 부동산 박 씨
어깨 휘어진 쌀집 맏아들
냉탕 온탕 오가며
떠들어 대는 물가物價 걱정

밀려서 흩어지는 땟자국
겹겹이 쌓이는데
어디서 왔는지 모르지만
골골이 흐르는 땟물

한 겹 또 한 겹
밖으로만 돌다가 묻혀 온
오고 가며 부대끼며 얼룩진 것들
켜켜로 허물을 벗겨댄다

때때로
발가벗어도 벗겨지지 않는 것이 있다

어떤 걱정

김천 오일장 소 팔러 가신 아버지
취해서 찬바람 덮고 주무시나
건너 숲에서 올빼미 울고
신작로 길 어머니 눈 빠지도록 기다린다

맞잡은 장남 손 싸늘하고
스치는 자동차 불빛
발자국 옮길 때마다 사납게 달려든다

읍내 정다방 나를 앞세워 들이닥친다
마담은 내빼고 없고
어머니 숨소리 유난히 거칠다

그날 밤
밤새도록 도망 다니다 자주 깼었고
내내 어머닌 끙끙 앓으셨다

우리 집 걱정거리
다음 날 아침에도 보이지 않고
군청색 중절모 남방만
감나무 밑 평상에 널브러져 잔다

종종걸음

저만 바라보는 새끼들 밀쳐두고
별수 없이 길 찾던,
이러지도 저러지도 못하던 나처럼
얽히고설켜도 못내 아쉬워

수밭골 식당 길을
젖 먹이던 배 출렁대며 걷는
지칠 대로 지친
네 마리 새끼 낳은 순둥이 개

백반집 쓰레기통
김치 쪼가리 냄새만 맡고
눌어붙은 털 털털 털다가

막막한 봇둑 길 그냥 지나
모퉁이 돌아 떠돌던 그 길을
두고 온 새끼 생각나는지,
찬바람 속 코 박고
또 종종걸음 친다

고등어 한 손

김천장 어물전에서 골라 온
싱싱하고 통통한 고등어 한 손
자글자글 익고 있다

아래뜸 위뜸서 서로 맺은 혼약
온 동네 창피스럽다고,
막판까지 몸부림도 쳐봤지만
냄비 속 그들처럼 아직 그대로다

시집살이 인생길 뼈 빠지게 힘들어도
매운 양념장에 시래기 덮어쓰고
통째로 익어가는 우리 부부

이제 어쩔 건데,
입맛 당기는 짭짤함 속에서
이리저리 뒹굴어가며
한 손 고등어처럼 착 붙어 산다

곶감

옛 할머니 이야기도 매달면
저 모습처럼 정겨울까

첫서리 내리던 날
빤빤한 껍질 홀라당 벗어 놓고
툇마루 시계추처럼 덜렁거리다가

팽팽하던 속살 주름 잡히고
찬바람 속 마당에 내려 쌓이는
송이눈도 보았지

가난한 시절 감꽃으로 생겨 나와
쨍쨍한 불볕 받아 단단해지고

팽이처럼 잘도 돌던 젊은 시절
부딪치며 다투다가 생겨난 자국들

이 고생 저 고생 흰 분칠한 얼굴로
내일도 모레도 바람 속에서
달짝지근 존득한 곶감처럼 살아야지

첫 서열

돼지우리 뒤편 뒷간이 있다
초秒를 다투듯 급하게
바지 내리자마자 쏟아진다

휴지가 없다는 것을 알기에는
한참 용쓰고 난 뒤다

갑수한테 딱지를 많이 땄는데
아직 친구들 배꼽마당에 있을까

늘 하던 대로 여고생 누나 이름 부른다
대답이 없다, 더 큰소리 외쳤다
—영순아 영순아!

오금은 점점 쑤셔오고 대답은 안 돌아오고
외치다 외치다가 울음 반 애원 반

—누나 좋아,
—누나 좋아,
—오늘부터 누나라고 할게!

그날부터
휴지 가져다주며 빤히 웃던 그 앙큼한 누나
첫 서열 시작되었다

축축하다

생수병 빈 깡통 먹다 만 치킨 조각
제 한 몸 완전히 태웠지만
소주병에 버려진 담배꽁초

한밤중 왁자지껄한
상인동 먹자골목 전신주 술판 아랜

셔츠 속 똥배 삐져나온
저 중년의 뱃살들 빈틈없다

한사코 바깥에서 맴돌다
힘들고 고달팠던 날 씹어대며

모른 체하고 먹어대는
이 시대의 비곗덩어리들

너를 버려야지
아니 나를 버려야지,
종량제봉투처럼 채우고 또 채우는
저 욕망의 뒤끝, 축축하다

와락

어쩜,
첫날밤부터 와락은 있었지

장식장 곁 다소곳한 채
애만 태우고

9시 뉴스
누진율로 전기 요금 폭탄

에어컨 켜자는 말에 듣는 둥 마는 둥
딴청만 부리는 아내

헌 각시 눈치만 보다가 올여름 내도록
맥 빠져 비실비실, 땀은 삐질삐질

옆에만 있어도 기분 좋은
오락가락 꽃바람 피우는 선풍기

에라, 모르겠다
무더운 밤 너무 좋아

와락!
상상 속 눈썰매 껴안는 서늘한 여름밤

욕쟁이

염매시장 골목 끝 죽집
단골손님 버글버글

쥐 죽은 듯 죽만 먹지만
할매 성질 더러운 줄 다 알지

흐물흐물 속 터질 때
훌훌 욕으로 휘젓는다고
팔까지 걷어붙이는 할매

연놈들 목구멍 넘어갈 때
잘 넘기라 한마디 했더니만
욕한다고 지랄이다

세상은 염병할 식은 죽 먹기라지만
새알 먹다 숨 넘어간 놈
시방 난리 났다고,

뜨거움과 목 막힘에
하루하루 살아가는
죽 같은 세상, 꿀꺽 씹어 넘기란다

삑사리

일요일 아침 샴푸하다 듣는
라디오 흘러나오는 귀에 익은 유행가

~사랑스런 누이가 있어요
리듬에 맞춰 신나는 몸짓으로 머리카락 말린다

그 순간, 잽싸게 달려드는
자지러지는 진공청소기와 함께

아내 잔소리 어찌나 세게 빨아들이는지
한참이나 거실을 비집고 다닌다

나 원 참! 그래도 그렇지
도대체 왜, 왜,

어제저녁 함께 한잔한
초등 여자 친구 예쁘다고

괜히 말했나?

2부

노적도

Big Bang 1

—서상언, 2019년 作(130×100cm, 한지)

우주 공간 헤매며 달리다가
만난 그 사람
떠돌이가 되었지

먹선과 면, 한 몸 되었다가
압축과 팽창으로 정신이 번쩍
한지에 붓질하며 리듬을 타네

깜깜한 바닥, 놀던 별들
허공 속 고뇌와 절망으로
숯덩이 같은 별똥별 되고

그곳,
놀던 밤하늘의 운석
물고기에게 길을 묻다가

번쩍, 스쳐 가는 사랑의 변주곡처럼
견우와 직녀가 만나
하염없이 나뒹굴고 있네

노적도

—박생광, 1985년 作(138.5×140cm, Ink & Color on Paper)

밥그릇을 닮은 오방색
황, 청, 백, 적, 흑 뒤섞인 식구들

내 인생도 숟가락처럼
폭발하듯 화폭에 담아
물감이나 실컷 퍼먹어 보았으면,

빨간색 무대복 환상에 걸치고
기타나 치면서 떠돌아다니다가

돈 좀 벌어 보겠다고
인생 한번 제대로 살아보겠다고

생각대로 되기가 그리 쉬운가
그림 속이든 그림 밖이든 고단하기 마찬가지

고깔 쓰고 히히거리다가
허리가 굽어서도 씩씩거린다

발버둥 쳐보지만
노신사 남는 건 기묘한 웃음뿐

흘러가는 바람이나 한 폭 담아
마음껏 줄이나 튕기다 가야지

사노라면

—김창태, 2019년 作(85×208cm, Acrylic on Korean Paper)

그의 막다른 골목은
바람이었나 보다

감천甘川의 방둑 길
빈 가슴 채워질 때까지
육십 넘게 걸어도 발 디딤판 하나 없었다

갈 데까지 갔다가 돌아오면
늘 새롭던
발걸음마다 색色이 풀려나왔지

무수히 짓밟은 강아지풀
한없이 흔들리는 억새들
구렁이 담 넘어가는 바람

아우성쳐 보지만
사노라면,
그래 봤자 잡초이다

한지 속 한 폭 저 그림
새벽마다
살아서 일어서는 풀처럼

오늘도 그의 삶
흔들리는 바람 따라 붓으로 일어난다

상선약수

—민병도, '上善若水1', 2018년 作(66×91cm, 한지에 수묵 채색)

허공도 알고 보면 검푸른 붓
언제 어디서나 칠갑을 하지

여름 산 저절로 깊어지면
더 푸른 옷을 입듯

공空은 가다 막히면
또다시 낮은 곳부터
다시 본래 모습으로 바꿔도 보네

아낌없이 꽃물을 주고받다
한 폭의 캔버스에 올라
아름다운 색감 꽃에 가 안기네

한낮 태양을 업고 놀다가
산모의 젖가슴처럼 젖 물리면

빨간색 노란색 분홍 빛깔로
금방 색色이 자라지

상선약수上善若水
물처럼 맑게 흘러 꽃으로 피어나

지극한 그대
너 닮아 살고 싶네

상해임시정부

—김진혁, 2015년 作(152×230cm, 한지에 수묵 채색)

호랑이 굴로 들어간 상해임시정부
타국에서 온갖 피멍울 쌓이고 맺혔지만

가시덤불 사이 잡초만 무성하다
그 고통의 독립獨立 문틈 사이로,

나라 잃고 헤매던 아리랑도 들어와
나운규 아리랑, 안중근 아리랑, 윤봉길 아리랑

부르고 부르다가
그림 속으로 사라져 버린 독립군들

화폭 속 긴장과 설렘 백두산 같아
붉은 치마 흰 저고리 용기와 희망 되어

백 년 전 대한독립 만세! 만세!
물들인 그 아우성처럼

아리랑 아리랑 아라리요
아리랑 고개로 잘도 넘어간다

어느 날 밤

—권정호, 1985년 作(195× 325cm, Acrylic on Canvas)

고속도로 굉음 내며 달리는 자동차
헤드라이트의 서늘한 눈빛처럼

암흑 속 뒤엉킨 소리의 공포
그 뒤를 바짝 따라가는 섬뜩한 불빛

비명처럼 내지르는 엔진 소리
소름 끼치는 질주

폭풍 불고 컴컴한 솔밭길
산 너머 심부름 가던 고갯길엔

탄식과 울분으로 앙다문 해골처럼
생생한 그 모습

산발한 귀신의 머리카락
고갯마루 달빛은 쫓아오고

어릴 적 그 추억
커다란 화폭에 붉은 물감 뿌려졌다

점과 선이 만나 그날처럼
캔버스에 흩뿌려진 저 어둠의 군상들

청실홍실

—홍원기, '가을 1', 2014년 作(66×65cm, 수묵 채색화)

구름에 기대선 단풍 숲에
살랑대며 불어오는 바람의 안단테

노랑 빨강 몸 섞여 가며
꿈꾸는 멜로디

새터 마을 뒷산에 사신다는
애절한 사랑의 수호신

회관 옆 우리 집
셋잇단음표 닮은 작은 기와집

아버지 어머니 든든한 1절 끝나고
편안한 아내와 2절은 시작되지

심장을 떨게 하는 명곡의 트롯처럼
노을은 붉게 서쪽에서 타오르고

여태껏 한올 두올 맺어진
실타래, 청실홍실 엮겠구나

초원의 꽃

—박희욱, 2017년 作(154×253cm, Oil on Canvas)

초원이여! 들꽃으로 축배를 들자
탱고를 추며 넓은 들판 휘젓고

초록 빛깔 머플러 풀어 헤쳐
꽃잎 찢긴 그를 유혹하네

휘감긴 줄기 뻗은 보랏빛 너도바람꽃
진분홍 패랭이꽃 춤추며 돌고

허리를 끌어안고
하늘 구경하자고 억지를 부린다

빨강 노랑 보라 물감 투피스
꽃 피운다, 꽃 피운다

환幻, 풍경을 품고
바람처럼 나부끼며

연인들 아지랑이 속에서
들꽃처럼 환하게 피어 있다

침묵

—최명진, 2018년 作(193.9×112.1cm, Acrylic on Canvas)

말과 사물 사이
당신의 말씀은 오브제

캔버스에 엎드려
유화 물감 길게 뿌려

여섯 개의 손가락
피아노 건반 위에서
한창 연주 중이다

목젖은 비틀리고
매화는 더덩실 춤추고

소음 잠재우고
고요는 적막한데,

침묵에 박힌
멜로디 되살아나고

화폭에 담긴 눈雪 소리
허공 중에 날리우고

들릴 듯 말 듯 당신의 목소리
늦잠이 되는 아침

흐름

—이근화, 'Flow', 2019년 作(162.2×130.3cm, Mixed Media)

검푸른 바닷속
흘러 다니는 골목이 있다

태양이 거닐던
물빛의 반짝임
그 곁으로 물고기 떼 흐르고 있다

불협화음 멜로디
솟구치는 비명
화폭으로 튀어 오르는 은빛 멸치

한 마리 열 마리 되고
한 집이 모여 열 집이 되고

멸치가 모여 사람이 되고
사람이 모여 멸치가 되듯

밀물 속 골목에서
행복한 멸치들 뒤엉켜 살아가지

마음의 바닷속에 저마다 사람들
푸른색 물감을 풀고 있다

석심石心

—남학호, 2020년 作(162.2×130.3cm, Acrylic on Canvas)

흘러 흘러 건너온 세상
모두 다 자갈돌
어디서 어떻게 살다 왔는지 몰라
산 따라 강물 따라
화폭에 담은 그 마음
늘 그대로였지
그녀는 나비처럼 살다가
여기까지 밀려와
사랑 이별 눈물도 없이
바람처럼 흐른다
오직,
앞만 보고 걸어온
화구畫具처럼
수줍고 쑥스러운
가벼운 날갯짓
허공처럼 사라지는데,

그런데 넌
참, 미끈하게 생겼다

3부

아내

아내

통통한 몸매 깔끔한 피부
키 작은 채蔡 씨네 막내딸

양지바른 장독대 곁에
빨강 립스틱 짙게 바르고

오뉴월 새벽부터 밤늦도록
다소곳 웃음만 가득하다

아는 둥 모르는 체
나만 사랑하는 당신은 채송화

낮은 뜨락에 살면서도
초롱한 눈빛 맑게 닦아

달빛 부드러운 미소
그윽한 눈빛으로 날 바라보지

나 어떡해, 이럴 때는
우린 아직도 실버 세대 청춘이다

가족사진

노을 사이사이 어둠이 끼면
아내와 늦은 저녁밥 먹는다

포인트 벽에 걸어 놓은 가족사진
이웃들 볼 때마다 대고 칭찬이다

사랑스런 며느리
미소 띤 아들과 손녀

환한 얼굴, 순간, 약간 흔들리다
온 가족 곤두박질쳤다

—아이쿠 우짜꼬,
잽싸게 식탁 밑으로 몸을 숨긴다

찰나에 온갖 생각 오락가락하다가
아내 통곡 소리 더욱더 놀랐다

—전쟁, 전쟁이야
—우째야 좋으노?

TV 속 붉은색 글자 뚜렷하다
경북 경주시 남남서쪽 11km 규모 5.8 지진 발생

아이쿠야, 헛말이라도
전쟁은 안 되지!

번쩍

친구 딸 결혼식 가려고 거울 앞에 앉았지

서울 가서 붉은색 체크 넥타이 매고 입사 선서할 때, 옆자리 여직원 괜스레 웃어 줄 때, 대리 승진할 때, 키 작고 아담한 여자와 중매로 장가갈 때, 그 여자와 첫아들 낳을 때, 마감 날 밤새워 가짜 계약서 만들 때, 윗사람한테 치받고 사표 던질 때, 첫 국장 발령 받고 만리장성 여행 갈 때, 새천년 열린다고 세상 사람 흥분할 때, 명퇴당하고 속눈물 흘릴 때

당신이 장가가나요?
마누라 잔소리에 정신이 번쩍, 바가지는 간데없고
뒤죽박죽 세월이 왔다 가고
거울에는 헛웃음 그득하다

뷔페 먹고 씁쓸한 소주 한잔에
흘러간 추억 꺼내 보는

이보게 나,
어디 별난 세상 있다던가

저 강물처럼

풍경 가득 펼쳐놓은 다리 아래
연초록 버드나무 휘어져 푸르다

어미 찾는 새끼 염소
울음소리 길게 들린다

동네 아이들 씨름하던 모래펄
피라미 붕어 미꾸라지 잡던 물몰이 소리

금호강 다리 아래 모래 섬엔
아직도 어린 날 모닥불 타고 있을까

이장님 밭에서 훔쳐 온 감자
또래랑 볏짚 불에 구워 먹던 그 땅콩 서리

그 좋던 동무들 모두들 어디 가고
나 홀로 둑길을 헤매는지

낯설게 흘러가는
저 강물처럼

그래, 어쩔 건데

대판 싸움하고 아내는 집 나가고
오늘따라 휑뎅그렁한 집구석

머리 띵하도록 줄담배 빨고
종일토록 멍한데,

지칠 대로 지쳐
속 쓰리고 배고프고 오지는 않고

할 수 없이 달달 볶은 콩자반
눈깔 까만 멸치볶음 앞에 놓고,

열무김치와 식은 밥
확 먹어 치우고,

또 속으로 나 혼자
울컥하시네

들오기만 해 봐라?

그래, 어쩔 건데?

고추 장아찌

온 동네 짠돌이로
소문 무성하다

뒤뜰 우물가 장독대
배불뚝이는 당당한데,

장 담그기 좋은 날
곰팡이꽃 핀 메주 덩어리

통통한 풋고추만 쨍 박아 놓고
하늘하늘 미풍만 기다렸다

밥 한 그릇 안 사 먹고 옷 한 벌 안 사 입어도
내 젊음 그럭저럭 잘 익어

이래저래 동네에선
알부자라 소문났네

그래 짠돌아, 너를 닮아
까무잡잡했던 내 얼굴 알아보겠나?

군불

밖은 진눈깨비 내리고
어둠 속 붉은 아궁이

하늘하늘 김 오르는
여물 끓이는 가마솥

콩깍지 메밀대
타닥타닥 총소리 요란했네

그 옛날 엎드렸다 구부리고
군불 때던 고등학생

열일곱 푸른 청춘
붉게 타올랐지

오와 열이 반듯한
하얀 치아 가진 옆집 계집애

말없이 지폈던 따듯한 군불처럼
저도, 사랑의 기억 활활 타오르겠지

꼴통 꼰대

청룡산 중턱
쓰러져 누운 참나무 한 그루

오르내리며 잔소리하듯
한 말씀 던지신다

—요즘 어찌 지내시냐
—못 죽어서 그냥 살지

코로나에 숨죽이며
좋은 시절 다 가고

바람 불어 좋은 날
그 이상도 없다고

빛바랜 등산복 너머
뭉게구름 흘러가고

어젯밤부터 마셔 버린
골 때리는 술병 속에서

저 쓰러진 참나무처럼
골병든 지 오래네

밥숟가락

김천시립병원 중환자실에는
하얀 커튼 가려 놓고
밥숟가락 놓은 지 오래된
일만 하던 억척 황소가 누워 있네

쌀가마 내려놓듯
쟁기질 끝내놓고
땅 갈아엎던 억센 두 손
얼기설기 논물 넣듯 수액이 떨어지네

또옥
또오옥 똑, 아주 천천히
그렇게라도 제발
논에 물 좀 담겨 다오

그렇게 붙잡아도
그 숟가락 들다 말고
밭 갈고 하시던 그 먼 곳으로
아버지 떠나고 안 계신다

똥끝

임대 아파트 가스관 타고 오르는
꼬아 비틀어진 등 줄기처럼,
낡은 끈 잡고 살아가기 힘들다

타오르는 햇볕 악착같이 참아가며
새벽부터 밤중까지,
나팔꽃 한 가족 감고 감으며
앞만 보고 산다

804번 버스 타고 부딪히며 매달려서
출근하는 사람들
밥줄처럼 달려 있는
늘어진 끈, 끈질기다

구름, 너도
태연스레 눈은 감고 있지만,
허공에 매달려 늘 자리싸움
똥끝이 타는 것, 내 다 안다

맵다 매워

코로나19는 논어도 못 말리나 보다
보고 싶어도 보지 못하는 자식들

한 시절 집안에는 웃음소리가 복닥거렸지
장난치고 떠들고 울고불고 참, 그때 좋았지

뭉치면 살고 흩어지면 죽는다고
안방에서 거실에서 떼로 몰려 뒹굴던 가족들

음압병실에서 사랑하는 아들도 못 보고
가버린 TV 속 노인네, 삶이 허망하네

흑백 사진 속 어린 날 아이들
가무잡잡, 먼 옛날 추억처럼 멀기만 하네

갈 수도 볼 수도 없는
그 시절 다시는 올까?

팍팍해지는 살림살이 골목마다
애타게 새어 나오는 한숨 소리

세상살이가, 인생살이가, 참으로
고추보다 맵다 매워

해바라기

해를 먹다 쳐다본 해바라기는
언제나 아랫도리가 썰렁하다

회사 향한 불타던 그 시절
윗자리 태양만 바라봤었지

달마다 실적만 고집하던 회사
무연고지 발령 나고 힘든 일 시켰지만

하늘만 바라보는 해바라기처럼
햇볕 따라가며 꿋꿋이 꽃대 키웠지

새벽부터 밤중까지
닦달하는 청약서 마감

낮엔 아들딸 생각하고
밤은 가족 위해 버텼지

이순 훌쩍 넘긴 지금

그래도, 그 시절 그때가 좋았지

4부

홀씨

홀씨

나 오직 당신만 있다면
어디라도 갈 수 있지

하얀 그대 손을 잡고
나비처럼 가볍게 날고 싶네

싹 틔우고 꽃 피우며
이리 흔들 저리 흔들 견뎌온 삶

노란 물 다 빠져
하얀 백발 홀씨 될 때까지,

다독이고 안아주고 빈 몸 떠날 때까지
곁에서 지켜주며

저기 먼 곳 그곳까지
밝은 햇살 속에 날아가고 싶네

파도

네가 진정 술꾼이라면
어디 한번 대작해 보자

갈매기 망을 보라 하고
술독 한 번 다 비워보자

벌써, 나룻배 수평선에 걸렸구나
이리 비틀 저리 비틀

보였다 사라졌다
갈수록 가물가물

회식 끝난 젊은 날 나처럼
오락가락 휩쓸리다

불평불만 한없이 밀려와도
언젠가는 떠나가는 저 파도처럼

이 밤, 당신과 나
주거니 받거니 한판 붙어보세

핏발

잠자리가 날아다니는
늦가을 공원 한가하다

의자에 취해 누운 그놈
밖에서 모질게 당했나 보다

후줄근히 왔다 갔다
눈알만 굴려 댄다

무엇이나 없는 놈은
늘 허둥대기 마련

누웠다 앉았다 아무리 굴려봐도
허공에 날아가는 것은 한숨뿐

그 핏발 선 눈동자엔
고요히 고요히, 빈 하늘만 잠겨 있네

쌍심지

붉은 벽돌담 주차된 승용차 밑으로
어둠 속 눈빛 번쩍이고

날쌔고 날카롭게
먹을 것 찾고 있는 어미 길고양이

지나가는 발자국에도
젖은 눈깔 곧추세우고

뼈다귀 한입 물고
새끼 끼고 잽싸게 사라진다

양 눈에 쌍심지 켜고
집 나와 밥 찾던 젊은 시절 그때처럼,

사랑니

이 년 만에 집에 온 막내아들
일요일 날 친구 결혼식 간다고 호들갑이다

피로연에서 잘못 먹어 탈 난 그 아들
아내의 근심 늘어졌다

일 주 전 준비한 참죽나물 반찬은 어찌할꼬
장조림, 꼬막 조림은 또 어째야 하나

가라는 장가는 안 가고
이마트 3층 병원 가잔다

쥐어박고 싶지만
할 수 없이 천불은 가슴에 묻어 두고

친구 따라 강남 가듯
억지로 차에 태워는 가지마는,

애절한 아내의 사랑니
웃자랐다 숙졌다 한다

버려지는 것들

종량제 봉투는
뒤죽박죽 요지경

검은 비닐봉지 속에서도
백팔기도하는 깡통

누가 언제 넣었는지도
모른 채 번뇌하는 빈 병

봉투와 한통 속으로
우리 모두 버려지다 잊힐 뿐,

왜 왔는지 어떤 물건인지
누가 버린 쓰레기인지

도통 알 수 없는
저마다의 삶

버팀목

등살 두툼한
저 절벽 소나무

치대고 쳐 대도
죽어라고 버티고 산다

파마머리 그 여인 등 대고
밑동아리 밟고 서서

밀치며 들이박고
아귀다툼 부딪쳐도

간밤 외박한 남편
걱정되는 듯

이 새벽 산 능선 바라보며
자식 땜에 그래도 산다

감포항

불끈 불끈 솟아오르네
비릿한 감포항 아침 바다

송대말 등대
회 비빔밥 한 상 차렸구나

파도 섞어가며
철썩철썩 잘도 비벼대고

갯바위 너머 수평선
눈요기에 배가 다 부르네

갈매기 그 친구, 벌써
소주 두어 잔 걸쳤네

오징어 도다리도
낮술에 불그레하네

그 옛날 친구들 만나
춤추며 부르던

자, 떠나자 삼등 삼등 완행열차
기차를 타고

뱃노래

장맛비 내리는 통영
고교 동기생들 추억의 놀이터지

한잔 걸쳐 흥 오르면 저마다
노랫소리 목청껏 지르네

욕지도 연화도 비진도 용호도 한산도
트롯 가락에 실어

장난기 넘치는 그 옛날 소년들처럼
팔짝팔짝 건너고 있네

이 친구 저 친구
야한 농담에 배꼽을 잡고

달아전망대 올라 다도해 노을 풍경에
그만, 퐁당 빠져버렸네

노을 술기운

저녁 무렵 낙동강은 술통이라네

사문진 나루터, 노을 술이라네

시원한 강바람 유람선 흔들고

불콰하게 취한 관광객 얼굴들

강물도, 넘어가는 가야산 붉은 노을 술기운도

저마다 흥에 취해 둥싯둥싯 어깨 춤 춘다네

앞산

마음이 우울할 때
앞산을 쳐다보면
절로 절로
기분이 좋지

어디서 보아도
좋은 앞산
수성못
벚꽃 흐드러지면

하얀 오리 배
타고 노는
젊은 연인들
행복해 보이지

두 발로 노를 저으며
봄 한나절
웃고 떠드는 풍경
그림 같지

이따금 소나기
퍼부어도
앞산은 듬직하게
신천 보며 맞고 있지

불평 한마디
하지 않고,
대구 시민 지켜 주는
저 환한 앞산 이마

하루

얼마나 먹었길래
누구랑 마셨길래

정신 줄 놓은 사람
술 취한 그 남자

강 건너 밀려오는 낚싯배처럼
뒤틀리고 흔들며 밀려서 왔다

바람을 안고 뒹굴었나
구름을 안고 놀았나

버릇 고치겠다 벼르던
골목 끝 그 여인

아무리 고함쳐도
통 막걸리에 벌건 돼지두루치기처럼

그 집 남자 술주정에
또 밀려가는 하루

5부

직지사

직지사

참 고왔네
초하룻날 어머니 손을 잡고
직지사 단풍 보러 가던 그 가을 길

그곳에는 천불상이 있었네
불당 안에도 대웅전 밖에도
탑을 돌던 부처가 가득했네

풍경 소리는 법문이었네
흰 구름이 보살인지 바람이 불경인지
난 알 수가 없었네

황악산 저녁노을은 화엄이었네
사천왕이 무서워
그림자를 모르는 척했던 어린 시절

용케도 생각이 나네
아비 없는 울 엄마 눈물에 젖던
직지사 단풍 그 빛깔이 고왔네

할매

하루하루 또 껍질만 두꺼워진다

시아버지 장례의 고단함도 감추고
할매, 올챙이 탈 쓰고 구연동화 펼친다

개구리가 되어야 할지 말아야 할지
뒷다리가 쑤욱 앞다리가 쏘옥

악착스런 몸집 힘겨운 동작
두 팔 허우적대고 다리 바둥바둥

갓 돌 지나 재롱 피우는
손자 안아 올리며

젖은 눈, 해맑은 눈망울 마주치자
바람의 눈빛으로 변한다

이래저래 말 못 하는 가면 속 할매
꽃잎 따 먹듯 슬픔을 먹고 있다

장미꽃 떨어지네

장미꽃 떨어지네
숨 막히게 아름답네

장미아파트 장미 닮은 여인네들
살기 힘들다고 푸념이네

꽃빛은 여전히 중년인데
자식들 학비 땜에 고민 중이네

빠듯한 살림살이
새벽 공기처럼 답답한데

장미꽃 그 푸념하는 아낙들
점점이 사라지네

종점

김천 오일장 갔다 하면
늘 막차 타고 오시던 아버지

기분 좋게 고등어 한 손 드시고
종점에서 들려오는 멜로디

—찔레꽃 붉게 피는
—남쪽 나라 내 고향

컴컴한 골목은 안 보이고
껄껄껄 웃음소리 먼저 들려오네

버스 종점 내려다뵈는 요양병원
링거액 방울방울 소리 없이 떨어지고

깡마른 가슴에서 나는 풀무 소리
구부정하게 휘어진 어깨

은빛 달빛은 서늘한데
막차는 조용히 떠나려 하네

여름방학

돼지우리에
깡패가 나타났다

만화책 읽다 들켜 꾸중 듣고
벌 받아, 돼지우리 청소하던 중학생

씩씩대며 입구 들어서며 주둥이 후려친다
보리등겨 먹다 말고 죽겠다고 비명 지르고

홧김에 발길질해 대자
알곡 말리는 마당으로 튀어 나가는 돼지 새끼

낭패라고 쫓아가다 거름 더미 미끄러워 넘어지고

—야 이놈아 머리를 써야지

처마 밑에서 고함치던 아버지
구정물 한 바가지에 등겨 담아
앞장서 나가신다

쨍쨍 내리쬐는 햇살 속
쫄랑쫄랑 따라가는
겁먹은 돼지와 불량배

두근두근 따라가는
나 어린 날 여름방학

삼필봉

삼필봉 산비탈에
하루 종일 비가, 비탈 비탈 내린다

일없이 잠자다 눈뜨니
바람도 살랑 살랑 분다

비 그쳐 해는 떠 맑은데
흔들흔들 내 마음, 구름에 매달 수밖에

지난번 폭풍에 쓰러진 저 소나무
마지막 울음 내뱉고

마르고 닳도록 먼지처럼
쓸쓸 쓸쓸, 노을 가루가 되어 가는 오후

저녁노을 붉은 그림자 속에
아스라이 사라져 간다

줄탁동기

꽃망울, 고것이
봉곳봉곳 열어젖혔네

몸이 곧 터지려 하네
아하, 고것 참

강렬히 밀어 올리는 힘과
피고 싶다는 욕망 사이

그 순간, 한 송이 꽃이 피지
젊다는 것은 꽃 피우는 일

만나서 서로를 향해
애틋하다가 그리워할 때

너와 나의 사랑은
불꽃처럼 피어오르는 걸까

뚱폼

습관 된 버릇 절대 못 고친다는
퇴임 초등교장

술 없으면 일도 안 한다는
평생 커튼 박음질만 한 유 씨

악기 연습하는 것보다
술잔 돌리기 더 열심인 그들

개발에 땀 나듯 달려온 이 시대 꼰대들
개똥철학 쏟아내기에 바쁘다

팽팽한 삶의 줄 튕기고
한 포인트 두 포인트씩 다듬으며

멈췄다 이어지는
두 번째 인생의 몸부림

내 나이가 어때서 멜로디 타고
금호강 강둑에서 부어라 마셔라

한평생 똥폼을 잡다
연습하다 말고 술 취해 돌아가는

갈지자 저녁에
붉게 물든 저녁놀

시랑대

동해라 푸른 물결
밀려오는 그리움

시랑대는 기장 팔경
으뜸이라네

수평선 넘어
피어나는 저녁노을

장미꽃빛처럼
붉게 번지고,

용궁사 앞마당
모여드는 불심처럼

천길만길
검붉게 타오른다

그 옛날 현감
기생과의 로맨스

애틋하고
그리운 사랑 하나

못내, 애달픔 담아서
기장 앞바다 띄워 보낸다

국화 축제

수목원 광장 국화 축제

철삿줄로 꽁꽁 묶인 채

꽃들의 영혼 철망에 갇혀

노랑 하얀 빨간 미소

숨기며 피우려 하지만

뒤틀린 몸 안쓰런 속사정

어디나 살아간다는 것

호락호락 않다는 느낌

그래도 어쩔 수 없이

서로 기대어 살아내야 한다고,

바람은 국화꽃 귀에 대고

제발, 꽃 피우라고 한다

빗자루

아무데나 쓸어 박아도
여전하게 고달프다

한 몸 빗자루로 맬까
싸리나무 덤불처럼 담장으로 둘러 둘까

하지만 너무 예뻐 누군가
꺾을지도 모르지

젊을 때는
이것저것 잘도 쓸어안기도 했지만

쓸고 나면 누가 봐도
화려한 꽃, 참 곱다고 말했지

이제야 절벽처럼
버티고 살아온 시절

온 가족 아픔
담아 주던 싸리비처럼

자주색 꽃대 매달린 잎 되어
남은 생 한 자루 빗자루 될까

넝쿨손

청도 운문사 가는 길모퉁이
걸터앉은 병풍바위

멧돼지 뭉개도 꿈적 않는 그 덩치
담쟁이넝쿨에 등짝 내놓았네

조막손끼리 힘겹게 오르다가
꽃샘 몰려와 흔들대다가

노을 잡았던 손
슬며시 풀어 놓듯이,

희망하지 않은 희망퇴직
딸려 나온 명퇴금

위태 위태 한동안 버텼지만
바람 불 때마다 흔들흔들

발버둥쳐 보지만
별수 없는 빈털터리 되었네

해설

그늘에 숨어들다

해설

그늘에 숨어들다

김 동 원 시인·평론가

들어가는 말

어찌 보면, 이 세계는 한 폭의 아름다운 그림이다. 시는 사물 속에 내재하는 이미지를 꺼내는 작업이다. 물감의 삼원색 빨강·파랑·노랑을 모두 섞으면 검정이 된다. 시는 그림으로써 시 쓰기, 시로써 그림 읽기이다. 봄 여름 가을 겨울은 황홀한 그림의 소재이다. 분홍 진달래, 노랑 장미, 빨강 단풍, 흰 눈 속의 매화는 그대로가 시이다. 옛사람들은 시화동원詩畵同源이라 하였다. 하여, 시와 그림은 한뿌리로 여겼다. 자연은 수많은 시인들에게 영감을 준다. 꽃잎의 감촉, 그느낌, 그 향기의 속삭임은 시의 영혼 같다. 하여 시는 지금까지 알고 있던 사물의 색채를 정신과 혼의 언어로 바꾸는 작업이다. 밤과 낮의 색채는 신비롭다. 갑자기 쏟아지는 소나기는 얼마나 황홀한 시인가. 달빛은 또 어떤가. 자주색 오동꽃을 은은히 비추는 그 은빛을 보고 있노라면, 밤하늘 위에 움직이는 붓처럼 여겨진다. 마치 어린 날 도화지 위에서 마구 환칠하며 놀던 자유로운 그림 놀이 같다. 인간은 유희의 동물이다. 틈만 나면 놀이의 세계에 빠져든다. 그런 시선으로 세계와 사물을 그려내면 수준 높은 시가 된다. 명시 한 편의 완성은, 명화名畵의 탄생에 비견된다. 훌륭한 시나 그림은 사람의 마음을 한없이 행복하게 한다. 어떨 땐 작품에 홀려 카타르시스를 느낀다. 답답하던 가슴이 뻥 뚫리는 기분이 된다. 언어가 그림이 되고 그림이 시가 되는 순간, 좋은 시인은 세계를 향해 자신만의 이야기를 속삭인다. 시적인 인식, 사물에 대한 시각, 서정의 빛깔을 자신에게로 흡수하는 시인은 아름답다. 시는 '구체적 현실'을 '추상적 현실'로 옮겨 놓는 작업이다. 언어의 층위를 통해 풍경의 뒷면을 그려내는 작업이다. 관점을 바꿔 시대의 현실까지 치고 들어간다면, 더할 나위 없는 예술 행위이다. 궁극엔 시 작품은 이미지를 어떻게 펼쳐 놓을지가 관건이다. 행과 행의 시적 모호성은 미지에 태어날 화폭이다. 연과 연은 추상화의 불가능에 도전할 때 시점이 뒤바뀐다. 끝없이 자신만의 뭔가를 찾고 실패한 작품만이 살아남는다. 현대시 속에서 자주 발견되는 '시로써 그림 읽기', '그림으로써 시 읽기'는 예술의 수용 방식의 문제이자, '미적 인식'에 대한 작가의 독특한 개성이다. 사물 속에 들어 있는 어떤 특이점에 대한 시인의 대응 방식이다. 사실 가장 아름다운 언어는, 시로 사는 시인이다. 이것은 몸의 방식으로 시어를 해방시킨다. 분명, 이 시대는 언어의 역할이 확연히 바뀌었다. 미술이나 음악, 영화가 그렇듯 훨씬 어렵고 분열적인 시들이 서로의 몸을 탐닉할 것이다. 이영배의 시집 『삼식이』는 그것들에 대해 다양한 방식으로 펼쳐 놓는다.

초원의 꽃

우선, 이번 이영배 시집 『삼식이』의 중요한 시적 테제는 그림에 대한 놀라운 시적 인식에 있다. 시인은 화가 박희욱의 열여덟 번째 전시회 '幻, 풍경을 품다' 전展을 보고 시를 썼다. 8살 무렵 친구들의 장난으로 연못 바위에 크게 다쳐 평생 불구의 몸이 된 박희욱의 초기 작품 세계는, 19세기 인상파의 색채를 거쳐 후기 인상파의 화법畵法에 더 밀착한다. 유화 특유의 거칠고 굵고 선명한 색과 깊이 있는 음영의 세계는 돌올하다. 인상파 화가들이 고민했듯, 그 역시 색채 배합을 통해 사물을 어떻게 자신의 관점으로 재구성하며, 해석할 것인가에 골몰했다. 그는 영국의 '현대 풍경화의 아버지 컨스터블'이 그랬듯, 화구를 직접 챙겨 들고 야외로 나가

온몸으로 풍경을 체득한다. 그것을 바탕으로 서양의 관점에서 벗어나 주체적으로 색과 구도를 수용, 변용하고자 시도한다. 특히 후기 인상파의 고흐·세잔의 화풍을 흡수해 자연 속에서 자신의 회화를 한 단계 더 심화 확장시킨다. 90년대 작품을 보면, 관념과 과장을 배제한 순수함이, 산과 바다, 배, 강, 마을 등의 소재를 통해 밝고 아름다운 색채 미학으로 발현된다. 중기 '고령 시대'로 명명된 그의 화폭은 어둡고 무겁다. 그즈음 박수근(1914~1965)의 분할된 면과 선線, 그리고 향토적 색채에 경도된 그는, 자신의 궁핍과 가난을 「마을」(1997년 作) 연작을 통해 칙칙한 갈색 톤으로 고통스럽게 묘사한다. 청도 시대로 접어들어, 박희욱에겐 그림은 종교 그 자체이다. 하여, 그의 풍경론은 독특하다. "알고 보면 지구는 한 폭의 풍경화죠. 하늘과 땅 역시 매 순간 변화하는 화폭입니다. 시공간 속에서 사물의 풍경은, 나타났다 사라지는 환幻이자 오브제에 불과해요. 자연은 색채를 통해 잠깐 드러나는, 은유이자 헛것이죠. 그래서 나는, 빛과 어둠을 통해 마음껏 색채를 갖고 노는 환상의 마술사죠." 그는 어느 인터뷰에서 이런 아픈 말을 남겼다. "몸은 비록 평생 불구였지만, 내 작품만은 결코 불구가 아니다."

초원이여! 들꽃으로 축배를 들자
탱고를 추며 넓은 들판 휘젓고

초록 빛깔 머플러 풀어 헤쳐
꽃잎 찢긴 그를 유혹하네

휘감긴 줄기 뻗은 보랏빛 너도바람꽃
진분홍 패랭이꽃 춤추며 돌고

허리를 끌어안고
하늘 구경하자고 억지를 부린다

빨강 노랑 보라 물감 투피스
꽃 피운다, 꽃 피운다

환幻, 풍경을 품고
바람처럼 나부끼며

연인들 아지랑이 속에서
들꽃처럼 환하게 피어 있다

—「초원의 꽃-박희욱, 2017년 作(154×253cm Oil on Canvas)」 전문

"초원이여! 들꽃으로 축배를 들자" 200호 「초원의 꽃」을 보는 순간, 이영배는 그림에 경도된다. "넓은 들판" 바람 속에서 "탱고를 추"는 들꽃 무리들의 흔들리는 풍경 묘사는 경이롭다. 꽃들이 "유혹"하는 여러 겹으로 칠한 초록과 연녹색의 바탕과 희고 붉고 노란 화폭 속에서, 시인은 시중유

화詩中有畵 화중유시畵中有詩의 세계에 접신 된다. 겹겹이 "휘감긴 줄기 뻗은 보랏빛 너도바람꽃 / 진분홍 패랭이꽃"으로 그려진 오솔길과 중첩돼, 색과 언어의 배합은 환상적이다. 마치 음의 풍경화라 불리는 비발디의 「사계」 중 1번 E장조 「봄」을 '그림의 시'로 옮겨 놓은 것처럼 황홀하다. 화가는 이 그림을 그릴 때의 영감을 초대 글에서 이렇게 표현했다. "마치 내 손이 저절로 바람의 붓인 듯 움직였죠. 음악처럼 물감이 캔버스에 흐르는 것 같았죠. 쉴 새 없이 여러 겹 칠을 할 땐 나도 모르게, 카타르시스가 가슴 위로 벅차올랐어요." 예술은 이렇듯 화가에게 영감을 주고, 그림은 시인에게 묘리를 터득케 한다. 이영배는 「초원의 꽃」 속에서 환幻을 직관하였으며, 그 경계는 '시와 그림'의 하나 된 세계였다. 하여, 그림은 보는 만큼 보이고, 아는 만큼 깊어지는 법이다.

비정규직

이번 이영배 시집 『삼식이』의 또 다른 중요한 시적 주제는 '현실성'이다. 현실은 장소의 디자인이자 시간의 무늬이다. 언어는 늘 소통 가능한 화법일 때 빛난다. 우리가 어떻게 이 세계를 인식할 것인가는, 시인의 화두이다. 그의 수많은 시편들은 언어의 묘사가 구체적이자 삶에 밀착한다. 말의 유사성에서 행간의 의미를 심화하며 이미지화한다. 피상적인 관념보다는 현실적 재료를 비벼 쓴다. 남들이 쉽게 찾아내지 못한 엉뚱한 곳에 눈길을 준다.

밤을 낮 삼아 다니던 개인택시 집 앞
골목길 베고 누운 타이어 한 짝

비바람 불고 눈비 몰려와도
뱃가죽 대고 그냥 누워 있다

저 낡은 몸 누가 아는 체나 해 줄까
온 가족 먹여 살리기 위해

몸뚱이 하나 부딪히며 밟고 다니며
캄캄한 어둠 속 굴리고 또 굴렸지

지금은 주차구역 멍에를 둘러매고
땅바닥 나뒹굴다 속 다 비운 아득한 가슴

어쩌다 돌고 돌아 힘들던 그 시절 다 지나서
덩그러니 혼자 버려진 저 폐타이어

—「비정규직」 전문

구석진 일상의 뒷거리에서 시를 찾아내는 시인의 눈길은 깊다. 어떤 측면에서 이영배의 「비정규직」은 서정시가 갖추어야 할 삶의 구체성, 기억의 압축, 행간의 리듬과 이미지의 선명성은 높이 사줄 만하다. 우선 「비정규직」은, 평생 식구들의 밥을 책임진 폐타이어를 시적 소재로 형상화한 특이한 작품이다. "골목길 베고 누운 타이어 한 짝"은 어찌 보면, 이 시대의 처량한 아버지들의 뒷모습 같아 서글프다. 평생 가족들을 먹여 살리느라 제 몸 하나 건사하지 못한 그들은, 캄캄한 어둠 속에서 '밥'이란 바퀴를 굴리며 힘겹게 살아온 음화陰畵같다. "비바람" 속에서 "뱃가죽 대고 그냥 누워" 있는 풍경은 스산하다. 삶 속에 버려진 몸의 끝은 언제나 절망적이다. 덩그러니 혼자 버려진 '폐타이어'는 정규직과 비정규직 사이의 거리만큼 절박한 절규의 상징이다. 이 밖에도 이영배는 첨예한 현실 인식의 시편들을 다수 선보인다. 시 「종종걸음」은 새끼 밴 어미를 통해, 새끼를 먹여 살려야만 하는 어미의 절절한 심정을 감동적으로 그렸다. 그리고 「겹겹」, 「어떤 걱정」 역시 현실적 소재를 통해 시의 맥락을 제대로 짚었다. 생활의 단면이 어떻게 시가 되는지를 여실히 보여 준 증거이다.

삼식이

시 「삼식이」는 이번 시집의 표제시이자, 인생 1막을 끝내고 2막에 접어든 명퇴자의 해학적 아이러니가 돋보이는 작품이다. 이 시는 하루 세끼 밥을 꼬박꼬박 찾아 먹는 미운 남편 이야기가 주된 내용이다. 시인은 사범대학 국어과에 다닐 때 김춘수 시인의 강의를 들었다고 한다. 절대 순수의 경지와 무의미의 시들을 들고나온 그분의 수업은, 늘 송골매의 눈처럼 예리하였다고 한다. 「꽃」, 「처용 단장」, 이런 시들을 기억하였다. 젊은 날 이영배는 현대 시의 세계가 얼마만큼 깊고 넓은지 가늠조차 할 수 없는 문청이었다. 졸업 후 첫 발령을 받은 시인은 사정상 갑자기 교직을 그만두게 된다. 시인의 꿈이 날아가는 순간이었다. 그 후 그는 밥과 출세를 위해, 전혀 다른 세상에 자신의 인생을 꾸겨 넣었다. 수십 년을 그렇게 줄곧 달렸다. 회사를 퇴직하면서 한없는 허망함을 느꼈다고 한다. 그때, 번쩍 시가 그에게로 말을 걸어 왔다. 하여 그는 미운 오리 '삼식이'가 되어, 늦깎이 시인으로서 인생 2막을 시작한다.

온종일 꽃 피었다 꽃 졌다 하는 아내
왈칵 밥상을 밀어놓는다

이른 새벽 삼필봉 올라갔다 오면
내 몸은 날아갈 것 같은데
아내는 꽃 졌다 꽃 피었다 한다

열무김치 위에 보리밥
보글보글 된장찌개 고추장 비벼대면

진공청소기처럼 확 빨아들이는 어깃장
설거지통 수저통 정리하며
구시렁거리는 아내 소리

봉급 타던 그때가 좋았는데
밥상머리 앉을 때마다 쳐다보이는
벽에 붙은 결혼식 사진

참 한때 수선화처럼 고왔지
처녀 적 아내 얼굴

—「삼식이」 전문

현대시 속에서 해학humor이 차지하는 위치는 독특하다. 이는 좁게는 웃음을 자아내는 재미를 지닌 농담이나 표현들을 가리키며, 넓게는 사회적 사건이나 현실을 우스꽝스럽게 표현하는 방법이다. 해학은 주어진 사실을 객관적으로 드러내지 않고 과장하거나 왜곡하거나 비꼬아서 보는 이들로 하여금 웃음을 유발한다. 해학은 또 교훈적인 메시지를 은근히 숨기는 데도 쓰였으며 직접적인 표현보다 더 효과적으로 주제를 드러낸다. 이영배의 「삼식이」는 좁은 의미의 해학에 속한다. "이른 새벽 삼필봉"에 올라 산책을 하고 내려오는 시인의 몸은 "날아갈 것"만 같다. 이것까지는 좋았다. 그러나 "왈칵 밥상을 밀어놓는" 아내의 짜증을 반나면, 장난이 아니다. 왜 아내의 기분이 날마다 "꽃 졌다 꽃 피었다" 하는 걸까. 그 까닭은 삼시 세끼 대령해야 하는 '밥' 때문이다. 남편이 출근할 땐 아침상만 보면 되지만, '삼식이'가 되고 보니, 여간 귀찮은 게 아니다. 보리밥에 열무김치에 "보글보글 된장찌개"까지 바쳐야 하는 아내의 "구시렁"거림도 이해가 된다. 한편, 남편은 "봉급 타던 그때가 좋았"다고 추억한다. 하여, 애써 "한때 수선화처럼 고왔"던 "벽에 붙은 결혼식 사진" 속의 아내 얼굴을 불러낸다. 그렇다. 꿈과 현실의 괴리야말로 낭만적 아이러니romantic irony가 아닐 수 없다.

직지사

이영배 시의 산실은 고향 김천 '직지사'와 어머니를 배경으로 펼쳐진다. 그는 틈만 나면 고생만 하다 하늘로 가신 선비先妣의 이야기에 목이 멘다. 타향을 떠돌다 보면 고향만 떠올려도 향수에 젖는다. 어릴 때 하늘과 땅은 '개인의 체험을 통과한 어떤 이미지와 흔적'을, 고스란히 날것의 언어로 간직된 기억의 보물 장소다.

참 고왔네
초하룻날 어머니 손을 잡고
직지사 단풍 보러 가던 그 가을 길

그곳에는 천불상이 있었네
불당 안에도 대웅전 밖에도
탑을 돌던 부처가 가득했네

풍경 소리는 법문이었네
흰 구름이 보살인지 바람이 불경인지
난 알 수가 없었네

황악산 저녁노을은 화엄이었네
사천왕이 무서워
그림자를 모르는 척했던 어린 시절

용케도 생각이 나네
아비 없는 울 엄마 눈물에 젖던
직지사 단풍 그 빛깔이 고왔네

—「직지사」 전문

붉고 노란 가을 단풍이 물들 즈음, 「직지사」일주문 주변 풍경은 수채화이다. 천불전 친견은 삼생의 업을 구원하는 힘이 있다고 한다. 직지사直指寺의 설은, 아도화상이 선산 도리사桃李寺를 창건하고 황악산을 손가락으로 가리키며 '저쪽에 큰절이 설 자리가 있다'고 하여 유래된 전설이다. 어린 날 시인은 "초하룻날"만 되면 불심이 강한 "어머니 손을 잡고" 단풍 구경을 갔다고 한다. "대웅전" 절 마당 앞에 탑돌

이를 하던 불자들이 신기하였다고 한다. 추녀 끝 "풍경 소리"를 "법문"으로 들으며 바라본 단풍은 참 고왔겠다. "흰 구름이 보살인지 바람이 불경인지", 소년은 눈이 멀어 차마 볼 수 없었겠다. 때마침 "황악산 저녁노을"은 붉은 화엄 세계를 이루고, 어둑한 절간의 "사천왕"은 무섭기도 하였겠다. 일찍 친정아버지를 여읜 "엄마"의 눈에 그득 고인 "눈물"을 그 저녁 슬프게 보았겠다. 훗날 그 아득한 기억은 어린 이영배의 심장에 한 편의 고운 꽃 시詩를 심었다.

밥숟가락

한국 현대시 속에서 아버지란 존재는 어머니에 비해, 시적 대상에서 상당히 멀리 위치한다. 주옥같은 사모곡은 많아도 사부곡은 흔치 않다. 최근까지의 문학 작품 속에서도 가부장제하의 아버지는 절대 권력자로 묘사된다. 특히 엄격하고 무서운 존재로 그려지며, 폭력과 갈등의 주체자로 비유된다. 이영배의 작품 속에서도 아버지는 상당히 부담스러운 비시적非詩的 인간으로 그려진다. 시 「어떤 걱정」속에 보면, 소 판 돈으로 "읍내 정다방" 마담과 정분이 난 젊은 아버지 이야기가 리얼하다. 어머니와 식구들에겐, 한때 '아버지'야말로 천하의 걱정거리였던 셈이다. 그래도 아들에겐 아버지는 아버지이다. 이영배의 시 「밥숟가락」은 죽기 전

병상에서 늙음과 고독을 견디며 투병하던, 부父의 부재不在에 대한 시인의 절박한 외침이 그리움으로 가득 차 있다.

김천시립병원 중환자실에는
하얀 커튼 가려 놓고
밥숟가락 놓은 지 오래된
일만 하던 억척 황소가 누워 있네

쌀가마 내려놓듯
쟁기질 끝내놓고
땅 갈아엎던 억센 두 손
얼기설기 논물 넣듯 수액이 떨어지네

또옥
또오옥 똑, 아주 천천히
그렇게라도 제발
논에 물 좀 담겨 다오

그렇게 붙잡아도
그 숟가락 들다 말고
밭 갈고 하시던 그 먼 곳으로
아버지 떠나고 안 계신다

—「밥숟가락」 전문

살아 보면 알지만, 사는 것도 죽는 것도 간단치 않다. 인간은 실존 앞에 언제나 불안하다. 이영배의 「밥숟가락」은 그것을 단적으로 보여 준다. "중환자실"에서 마지막 가는 아버지를 바라보는 아들의 심정은 온갖 회한悔恨으로 절통하다. 내려진 "하얀 커튼" 너머로 "일만 하던 억척 황소"는, 이미 "밥숟가락 놓은 지 오래"이다. 이 시 속에서 밥숟가락의 함의는 깊은 적막감으로 밀려온다. 생의 이쪽과 죽음의 저쪽 사이, 경계로 그어진다. 아비의 몸에 "얼기설기 논물 넣듯 수액이 떨어지"는 묘사는 서정시의 한 차원을 높였다. "그렇게라도 제발" 살아 계시길 기도하는 시인의 심정은 외로웠을 것이다. 「밥숟가락」은 고도의 은유인 '밥숟가락'을 통해, 부자간의 정리情理를 감동적으로 노래하였다.

나가면서

시를 평한다는 것은 어쩌면 오류인지도 모른다. "시는 정의하는 순간 죽는다."(네루다) 그만큼 시의 의미망은 다양하다는 뜻이겠다. 또한 하나의 작품이란 독자 수만큼의 다채롭고 새로운 해석으로 재창조된다는 말이다. 이번 이영배 시집 『삼식이』를 통독하면서 느낀 점은, 시인의 시적 편린들이 상당한 보폭을 갖고 있다는 사실이다. 앞에서도 잠깐 언급했지만, 시집 『삼식이』의 중요한 시적 테제 중 하나인 '시로써 그림 읽기'는 놀라운 시적 성취를 보여 주었다.

「Big Bang 1」은 화가 서상언의 작품을 시화하였다. 이 수묵화는 우주에 대한 본격적인 '질문'의 출발점에 놓인 작품이다. 화가에게 있어 운석은 단순한 '돌'이 아니다. 그 돌을 통해 영겁의 시·공간을 떠돌 수밖에 없는 인간의 은유의 세계를 투영한다. 이런 화폭의 행간을 이영배는 자기류로 읽어내었다. 태초의 '몸'이자 '음악'이며 '정신'이자 불가사의한 존재인 빅뱅의 세계를, 우주 욕망의 기호로 상징화하였다. 시 「겹겹」은 일상생활에서 얻은 번쩍하는 성찰의 시이다. "명신사우나"에서 벌어지는 풍경을 풍자의 기법으로 허를 찔렀다. 「아내」란 시는 참으로 그녀를 존중하고 애틋하게 바라보는 시선이 따뜻하였다. 부부지간의 사랑과 배려는 현대 핵가족 사회의 귀한 전범이다. 「맵다 매워」는 근래 코로나의 상황을 옴니버스식으로 그렸다. 가족, 음압병실, 사진 속 어린 시절 등의 몇 가지 장면을 한 시 속에 구성하였다. 시 「버려지는 것들」은 종량제 봉투 속에서 '뒤죽박죽 법당'으로 묘사된다. 아무렇게나 버려지는 것들을 통해, 환경파괴의 우려를 전한 셈이다. 한편 「노을 술기운」은 낭만적 풍류 취객의 시적 흥취가 돋보인다. "저녁 무렵 낙동강"을 술통으로 본 시각적 이미지는 돌올하다. 사문진 유람선 위에서 "불콰하게" 가야산 노을에 취한 사람들을 은유한 장면은, 공감각을 느끼게 한다.

이 밖에도 시법의 여러 종류인 '상징, 이미지, 리듬, 문장의 구조, 품사의 구성, 종결형의 처리, 비유 중 은유, 직유, 의인의 활용법, 시적 허용의 묘미' 등등이 다채로운 시편들 속에 녹아 있다. 이영배의 시법은 '대상'과 '주체'를 동일시 하는 서정시의 기본 개념에 충실하였다. 어떤 시를 통해서는 역설과 반어, 풍자와 해학의 관계망을 촘촘히 시화하였다. 타자와 기억, 죽음과 일상의 문제를 육친을 통해 환기하였으며, 삶과 현실의 구체적 지점을 찔러 형상화하였다. 서정시는 시간의 주름이다. 사물이 인간에게 건네는 신령한 말이다. 서정시인 이영배의 언어의 촉수는, 사고와 감정의 근원을 추적해 들어가면서, 빛과 어둠 사이에서, 그늘진 자만이 노래할 수 있는 '지금 여기'를 인식한 놀라운 통찰의 시로 규정된다.

이영배

경북 김천에서 태어나 경북대학교 국어교육학과를 졸업했다. 2019년《문장21》시 부문 신인상 수상으로 등단했으며 고운 최치원 문학상 본상(2021)을 수상했다. 대구문인협회원과 텃밭시학 동인으로 활동 중이다.

lyb0566@hanmail.net

이영배 시집

삼식이

초판 1쇄 발행 2021년 9월 10일

지은이 이영배
펴낸이 이은재

펴낸곳 도서출판 그루
출판등록 1983. 3. 26(제1-61호)
주소 06121 서울특별시 강남구 봉은사로 129, 1210호
42452 대구광역시 남구 큰골 3길 30
전화 02-358-1161, 053-253-7872
팩스 053-257-7884
전자우편 guroo@guroo.co.kr

ISBN 978-89-8069-453-2